Andreas Vierk

Septemberstrand

Gedichte

Herstellung und Verlag:
BoD - Books on Demand, Norderstedt
ISBN 978-3-7347-7970-1

Raumblau

Wir haben über eine Entfernung von mehr als 100.000 li immense Strecken zu Wasser zurück gelegt. Wir haben auf dem Ozean riesige Wellen gesehen, die sich wie Berge bis zum Himmel erhoben. Wir haben unsere Augen auf barbarische Regionen gerichtet, die in weiter Ferne in der blauen Transparenz leichter Dunstschleier verborgen lagen, während unsere Segel Tag und Nacht, erhaben wie Wolken entfaltet, weiter ihren Kurs verfolgten, schnell wie Kometen. Wir haben diese wilden Wellen durchquert, als würden wir auf öffentlichen Wegen wandeln.

Cheng Ho

Traumspiegel

Du schlägst die Augen auf in früher Stille
weil eine Taube dich, Seerosenteich,
aus deinem Jenseits weckte. Und sogleich
dunkelt fast schwarz im Blick dein sanfter Wille

und spiegelt Wälder, Ufer, windumstellt,
durch die mit sachter Hand der Morgen streift
und lautlos braunen Flugs die Eule schweift.
Nach Honig duftet lind die alte Welt.

Aus Wasser ist mein Herz, vielleicht aus Glas,
dein Atem ist hingegen klarer Spiegel,
der jedes Wesen unsichtbar durchmaß.

Du küsst auf meine Stirn dein helles Siegel,
ich lächel dir aus dunkelblauer Wiege,
begrüß den Tag solang ich in dir liege.

Frühe Sonne

Frühe Sonne küsst die junge Erde,
die noch silurisch von Gebirgen träumt -
Pflanzenlicht, das blaue Riffe säumt -
Schlafbemoost ein Faun weckt seine Herde -

Junge Sonne knospt in den Korallen,
ihren Spiegeln, ihren heißen Sternen -
Und wenn Seetangs dunkle Locken wallen
in die Schatten tieferer Zisternen,

glühen die Brunnen hell vom Sonnenauge:
Silbererwachen ihrer Treppenstufen,
wenn aus dem Lendendunkel Wesen rufen -

Frühe Sonne keimt in meinem Blut,
auf dessen Grund dein Schatten nimmer ruht.
Das Licht verschäumt an deiner Haut zur Lauge.

Erwachen

Die Nacht ist schwarz, von Fiebersternen schwer,
doch leuchtet lindgrün aus sich selbst die Wiese.
Die Nachtigall besingt das Farbenmeer,
nur leise flüstert eine Sommerbrise

und will den Pinsel in die Tusche tunken.
Da glüht der Morgen auf von Feuerfunken
hell wie das Innere der Apfelsine:
Es ist das Spiel der Mellifera-Biene.

Da streicht die Flamme über meine Haut
wie wilder Honig, dringt in meine Poren,
und Nerven glühn an meinen Fingerspitzen.

Die Sonne wird in meiner Hand geboren,
steigt langsam in die Eiben, singt und blaut
und will das Land mit ihrer Glut erhitzen.

Am Thunersee

Glückselig wollte ich in dir ertrinken
und schmelzen in dein reines tiefes Blau.
Den Weg hinauf in Falkenvogelschau,
ein sanfter Bogenflug, ein halbes Sinken,

und wie ich unter den Coronen saß,
die eine Sonne warf wie gelbe Ringe,
erhob sich das Gebirg' in *einer* Schwinge,
um sich zu stürzen in dein Spiegelglas.

Das Glück, des Daseins Sommerferien:
es trägt den Schierling auf sich wie ein Boot,
und wie ein Becher bleibt es unerfüllt,

und scheu fast wahrt es die Mysterien.
Und so versank ich nur im Abendrot,
und Nebel hielt die Berge eingehüllt.

Italienische Impression

Ein Jahr der Trauben: Weingehänge Glückes,
voll dunklen Blicks - von Kindern oder Rossen -
ein Jahr wie Milch in diese Welt gegossen,
von fern Fragmente eines Flötenstückes.

Hügel um Hügel honigsatte Welle,
in welche manchmal heller Regen schmolz.
Am Wegrand eine winzige Kapelle
aus gelbem harzberauschten Kiefernholz.

Die Nacht brach an. Es bäumte sich der Berg,
so wie sich Wellen und Delphine bäumen.
Im Dorf erglühten Fenster und Laternen.

Und in das Dunkel stieg ein Feuerwerk,
da sah man oben in den kalten Sternen
betrunkne Blumensträuße sich verschäumen.

Sonntag

Ein träges grünes Tier liegt die Turbine
über dem Fluss und mahlt das Sonntagslicht
zu Gold, das sich in Amethysten bricht.
Die Luft ist schwer vom Duft der Apfelsine.

Die Minze öffnet ihr Arom der Schiene
und scheint zu kichern in der Schotterschicht,
doch Rost und Schwermetall berührt es nicht.
Das Holz fault vor sich hin an der Draisine.

Das Wasser plätschert Schwelle über Schwelle,
dem Glockenturm und roten Ziegeln zu.
Am Schleusenwehr harrt tapfer die Forelle
und trotzt als einzige der Mittagsruh'.

Der Portikus schwimmt in der blauen Welle.
Sein Bild ertrinkt in weißer Sonnenhelle.

Ich liebe Dich

Das Frührot knospt und rankt an deinen Flanken,
zerfließt auf dir und dringt in deine Haut
wenn seine flamboyante Iris taut.
Jeglicher Atem muss dir stündlich danken.

Du weist mein Spiegelbild in seine Schranken,
wenn es in dir sein Silberantlitz schaut,
wie Luft entweicht, konkave Krümmung blaut,
und niedersinkend meine Augen wanken.

Du nimmst den Duft von hundert Schalen an,
von Holz, Metall und blätterflacher Rundung.
„Geliebte" flüstert es aus mir und dann:

„Gestattest du dem Morgen eine Stundung?"
Erneut entflammt mein Puls. Und was er kann
setzt er an Sonnensegeln zur Erkundung.

Sommerimpression

Am Wasserturm verweilt der Nachmittag
und reckt die Glieder in die Brennnesseln
und weckt die Schatten in zerborstnen Kesseln.
Zahnräder stehen still im Holzverschlag.

Und in der Tonne unterm Wasserhahn
spiegelt der alte Gärtner sein Gesicht,
das sich wie Schaum in gelben Blüten bricht:
im sonnenblumenhellen Löwenzahn. -

Nicht fern von hier entblättert sich die Stadt:
die Fenster brennen hell wie Kohleöfen
und in den Plätzen, Straßen, Hinterhöfen

frisst sich das Leben an sich selber satt.
Nun bricht der Abend in die lauten Städte
und alle Nerven glühn - Hochspannungsdrähte.

Straße der Düfte

Würde ein Sinnentrückter sie durchlaufen,
ein Blinder, dem die Düfte Farben sind,
ein Tauber, für Alhambras Brunnen blind –
ein Tastender kann hier Gewürze kaufen.

So duften aus dem engen Fahrradladen
betörend Kettenöl und neue Reifen,
aus einer andren Tür blüht Duft nach Seifen
aus einer nächsten flattern Limonaden,

und selbst die Lauge aus den Wäschereien
lässt wie ein See geheime Nerven glühen:
schlaftrunkner Tanz des fernen Efeuhügels.

Und streift der Schatten eines Taubenflügels
den Hof, will er im Rosenschlaf erblühen
und seinen Brunnen in die Düfte reihen.

Blaue Nacht

Es ist so dunkelblau in den Alleen,
als schritte man durch Gänge späten Weines.
Wie Hochzeitszüge Glühkäferchenscheines
sieht man die Rücklichter der Autos wehn.

Doch hört man kaum Geräusche, ist wie taub,
vernimmt nur sanfte Klage: aus den hohen
Welträumen sinken Töne von Oboen
wie Wind ins silbergraue Straßenlaub.

Als wandle sich die Stadt in einen Garten
und tändelten Laternen durch den Mohn,
sieht man die ungehaltnen Lichter ziehn,

als zöge eine Gravitation
sie von gewundnen Autobahnabfahrten
in einen Strom erglühter Galaxien!

Auf Rügen

Mit meinen Schläfen voller Amethyste,
versteinte Trilobiten in den Lenden,
den Muschelkalk der Städte in den Händen,
glitt ich zurück an flügelhelle Küste,

trat aus den Spiegelmauern der Kubisten
hinaus an katzenaugenlichte Strände,
sah flussquarztransparente Wolkenwände,
ertappte Engel, wie sie Segel hissten,

sah Möwen schaukeln über Wogenkämmen
und träumte Ichthyornisvögel her
auf Urzeitschwingen, schwanenflügelweit,

spiegelte mich in ihren Augengemmen
und glitt mit ihnen übers Zeitenmeer
hinaus in eine blaue Einsamkeit.

Licht und Atem

Bemal' mein Haar in dieser Weite Blau
und meine Haut in weißer Segel Rauschen!
Seevogels heller Sage will ich lauschen.
An einen Blitz gelehnt, gehenkt ans Tau,

wird meine Stirn durchsichtig in den Wogen
und Semaphor mein Blick in den Korallen.
Sternschlieren ziehn in einem steilem Bogen
schwarmwolkengleich durch helle Bahnhofshallen

des Kiels, des Schienenstrangs Gewitterspur.
Auf meiner Netzhaut, die das Silber trug,
verbleibt die Weißglut lang noch als Gravur.

Weltall wird Welle, Wehes Macht zu Glück.
Gleich einem Bart aus Gischt seitlich am Bug
verzischen Sonnen, bleiben schon zurück.

Traumblau

Es fiel ein Stern, ein Tropfen Blau erblasste
und glitt langsam hinab von deinem Haar.
Ein jäher Funken Lichts, ein Spiegel, klar,
der mein Gesicht, verzerrt im Nimbus, fasste.

Blassblau hast du Mysterien verhüllt.
Die Berge neigen ihre weißen Klinken,
in deinen Blicken lächelnd zu versinken
in den Vergessensschlaf – und glückserfüllt

schneiden die Stirnen lichte Sonnenbahnen
in endlos rhythmisch wiegend blauer Weite.
Den Raum durchhallt der Ruf von Kormoranen.
Ich treibe hin, du schmilzt an meiner Seite,

bis uns die Woge voneinander treibt,
dein Schläfenmond die Bahn hinab beschreibt,
dieweil an meine Brust das Strandgut schlägt
und helle Nacht sich auf die Lider legt.

Vor Anker

Traumbug aus Lava, der durchs Dunkel geht
in der planetenschweren Meeresnacht:
der schwarze Wind hat ihn von dort geweht
wo unsichtbar die Sichelwoge kracht -

Er geht vor Anker auf verschwitzer Haut
und flutet Bernsteinkais mit sonnenhellen
Frühorangen, Flügeln von Libellen,
bevor noch unterm Lid sein Segel blaut.

Noch hart und knospengrün der Fischerkahn:
er will im Molenschatten lange träumen.
Bougainvillearot der Ozean
lässt in die Frachtverschläge Spiegel schäumen.

Sonnenchoral

Kornblumenmonde, Sommeraureolen,
sie sind der Sonnenstaude Schmuck und Schleier.
In Puls und Rausch und Flug der Silberreiher
wollen sie Wellenbrecher wiederholen,

aus Salz und Echo Kirchenkuppeln bauen.
Öffne dein Herz vor ihren Fenstergluten,
in deren Limben Madreporen fluten
und ungebor'ne Kinderstimmen blauen.

Dieses Gestirn ist nah und fern umstellt
von Kelchen voller Glut, konvexen Spiegeln
und Knospen, die aus Fächerhänden lachen,

und epileptisch ist die Stirn erhellt,
doch will von ihrer Flut sie nichts entriegeln.
In blaues Glück treibt Atems kleiner Nachen.

Jacqueline

Goldene Funken aus der braunen Stunde:
Fliegende Fische über trägen Fluten
zogen durch dunkle Iris ihre Routen.
Kleine Orkane kreuzten ihre Runde –

Ja, es war Zorn in dieser Augenglut,
doch war sie auch durch meinen Mund zu stillen,
und wie die Schlange einem Lied zu Willen,
beschwichtigte ich so der Stirne Wut.

Es kamen große Wolken, schwer und weit.
Hartschalig lag im Fruchtkorb herbe Bläue
und Bitterschatten warf dein weiches Haar.

Durch Korb und Schatten streifte letzte Treue,
dann endete in einem Blitz die Zeit.
Und heut' ist gläsern, was einst golden war.

Schlaf und Wasser

Es ist so lind im See. Die sachte Welle
ist eine laue Hand in meinen Haaren
und liegt quecksilbern in den Kapillaren,
in Perlmuttschimmer, Dämmerlicht und Helle.

Im fernen Patio verströmt die Quelle
oktagonalen Brunnens in lunaren
Gitarrenklängen, silberschlüsselklaren
Nachtlichtern in die Eremitenzelle.

Wo ist ein wahrer, wo erträumter Ort?
Ich weiß in Ufernähe eine Stelle,
im Schilf erwacht Libelle um Libelle.
Da ist mir wohl, denn heut' ertrank ich dort.

Flusslied

Ihr Tauben die ihr meinen Blick bewohnt
Ihr wehen Schwingen
Die durch mein Flussbett gingen
Die Welle - dunkel - spült in eins die blaue Sonne und
                                      den gold'nen Mond

Du welker Sommertag im Wiesenwehr
Der in den Nesseln blaut
Wie Schnee im Fieberkraut
Wie du so spür auch ich im Leben Wandlung Weg und
                                                    Wiederkehr

Der Schmetterling verpuppt sich in die Weiten
Vergisst sein Wesen
Im Licht sich aufzulösen
Adieu du Mutter Erde lass mich mit ihm durch den
                                        fernenFlieder gleiten

Zeitweiß

Im British Museum erinnerte ich mich angesichts der Mumie einer Sängerin, deren kleine Nägel aus den Bändern hervor ragten, dass ich mir geschworen habe, niemals mehr Ich zu sagen.

Cioran

Polare Vision

Der Mond, er kommt der Erde immer näher
und füllt den Himmelsraum gigantisch aus.
Im Waldesdunkel klagt der Eichelhäher,
sein bittres Lied geht in den Schnee hinaus.

Zum Spiegelengel ist die Welt gefroren,
des Doppelsternes Tundren silberstill.
Nur dann und wann wird noch ein Schrei geboren,
weil selbst der weiße Hag gehört sein will.

Du wehst so fern, mein blau und golden Banner,
aus dessen Mitte der Gehenkte blüht.
In meinen Haaren nisten Birkenspanner,
dieweil mein Herz in seinen Frühling zieht.

Unterm Polarstern

Ich habe einen Schlüssel dort gefunden,
wo Specht und Schneehuhn an der Stille weben,
und Regenwolken knicken schwarze Reben
und träge Blitze ziehen ihre Runden.

Entriegelte des Gletschers Kieselstunden
von Dasein, Schlaf, geheimem Innenleben:
Geröll und tote Bäche überm Beben,
als lägen Dreck und Silber über Schrunden

und Gluten von polarer Einsamkeit.
Ich schloss die Lider, blickte zukunftsweit
ins Traumvergessensland. Verlor'ne Zeit,

verlor'ne Wanderschaft und kalte Schuhe.
Ein jeder schleppt sich müd' an seiner Truhe
und findet drinnen endlich seine Ruhe.

Vom Tod im Winter

Wie sehne ich Dezemberschnee herbei!
Er sollte dir das fahle Herz zerreißen,
sein harscher Wind die Lippen dir zerbeißen,
dass sie sich öffneten zum stummen Schrei.

Ein letzter Zug an Gänsen weht vorbei.
Bald wird der Maler Feld und Straßen weißen,
Eis-Ahlen werden deine Adern spleißen.
Wie wünschte ich, dass es für immer sei!

Denn in mein Blut schlug deine kalte Hand
in der Minute, da ich wehrlos war,
und Mohn wuchs an der Brunneninnenwand.

Kurz schimmerte und schwamm in ihm dein Haar,
griff in den Spiegel: Welle, Frühlingsschlieren –
und ließ das Du in meinem Mund gefrieren.

Weiße Schatten

Altersweiß die Ammonitenwindung
siegelte des Steines Ewigkeit.
Waldesaugen kurz vor der Erblindung.
Meine Stirn ist transparent von Zeit.

Schleiereule, lautlos, quert die Lichtung,
Mond ertrinkt im roten Wolkenschaum
und mein Blut wird Milch vor lauter Dichtung.
Dunkelgrün verebbt des Waldes Saum.

Aschenweiß eröffnen sich die Felder
über die Zikadenrufe schallen,
fern im Dorf verstummt der Feuermelder:
kündete den Tod der Nachtigallen.

Sie duftet nicht

Sie duftet nicht. Sie ist niemandes Nahrung.
Für wen entblättert sich die Orchidee?
Wir sind bestürzt von ihrer jähen Offenbarung
und plötzlich tut sie unsren Augen weh.

Am Haus der Farben gibt es eine Brüstung:
ein Gitterwerk aus fremden Mondgestein.
Dort ruft sie uns: ein Engel der Verwüstung:
Sekunde zwischen Sein und Nichtmehrsein.

An wen verschenkt sie ihre irre Farbe,
ihr Schneelicht, das in unsren Träumen wühlt,
in ihnen aufsteigt: Blitz: senkrechte Narbe

der Angst, der sich das Herz entgegenbäumt,
auf dessen Spitze sie vergoren schäumt
und uns das Lächeln aus dem Antlitz spült?

Sieh, ich verliere mich an diese Nacht

Sag nicht, dass mich dein linder Wind verlässt,
der lange stumm an meiner Schulter saß.
Vorm Fenster schimmert violettes Gras,
in Fluren treibt's und glimmt im Reihernest.

Die Welt verlor heut' Nacht ihr Ebenmaß
und feiert nun ein stilles Seuchenfest.
Der Mond im Fluss ist eine Sphinx aus Glas.
Ihr Blick saugt sich in meiner Wachheit fest.

Der Wein treibt Fieberblüten aus im Keller.
In blauen Weiden die Hyäne lacht.
Spiralensterne füllen Schlick und Priel.

Dielen und Fensterkreuze strudeln schneller,
und meine Kopfhaut schwimmt in ihr Exil.
Sieh, ich verliere mich an diese Nacht.

Hände, fernes, nächtiges Rauschen

Handflächen ihr!, der Welle Widerschein,
Blume und Sperling, spiegelklaren See –
rührt sie nicht an: sie würden weiß wie Schnee.
Wie Wasser sollten unsre Hände sein.

Wie groß und schrecklich ist's, versagt zu haben!
Als löste sich der Hände Paarverschränkung
und jede Pore löschte ihr Gedächtnis -

Wie fernes Blau, nicht länger dein und mein,
tränkten die Hände Tigersprung und Reh
und wüchsen ihnen Rispe, Stern und Weh
wie gelbe Hähne in die Nacht hinein.

Die Brücken würden Schiffe ohne Lenkung,
die Flamme würde sich im Kleebett laben,
der jüngste Morgen hätte kein Vermächtnis.

Du bist auf dich geworfen

Du bist auf dich geworfen, wenn du dringst
in deines Atems weiße stille Wohnung.
In seinem Rhythmus selbst liegt die Betonung
des Lieds, das du seit der Geburt schon singst.

Erwarte von dem Gegner keine Schonung,
wenn du mit deinem Schweigen kämpfst und ringst,
als Glockenton in seinem Dachstuhl schwingst.
Wo, denkst du, sind Erbarmen und Belohnung?

Denn Tod und Schweigen – sie sind eine Einheit
und wohnen in dir am geheimsten Ort
an deiner Herzenswurzel tiefster Reinheit.

In diesem Tempel löst sich nie ein Wort.
Die Stille schimmert in des Urklangs Feinheit.
Beschämt lenkst du die Schritte aus dir fort.

Mondkelch

Abschneiden will ich mir die rechte Hand.
Quecksilbern ist mein einer Handschuh und der andere seiden.
Lorca

Die Sonnenblumen tragen Silberhaar
heut' Nacht, und kristalline Blütenstände
sind weiße Gifte, die der Mond gebar
für halbdurchsichtige Madonnenhände.

Ich hörte damals sagen, Tod und Sterben,
sie wären Träume, Eingesponnenheit.
Mein weißes Blut versuchte ich zu färben
bis heut' in steter Fassungslosigkeit.

In meinen Augen sind zwei Embryonen,
in meinen Händen auch, in meinen Hoden:
sie schlummern weiß, als wären es Ikonen.

Spiegel in Spiegel blüht und spinnt mich ein,
aus Stirn und Fingern wachsen Elektroden.
Der Kelch verharrt – will ausgetrunken sein.

Fragment aus weißer Nacht

Dies alles trägt die schwarze Meereswelle:
Funkeln von somnambulen Fischkaskaden,
verwehten Duft von fernen Palmgestaden,
geheimen Winterglanz kosmischer Helle.

Der Mond scheint durch den Flügel der Libelle
und schlummert im zerborst'nen Fensterladen
und zittert augenweiß am Spinnenfaden
und auch im Unterstand der Haltestelle,

versehrt die Träume hinter Augenlidern
und löscht dazwischen jede Iris aus.
Er zieht sein Schleppnetz endlos durch das Blut.

Er tobt als Wind durch Schläfen und durch Flieder
und fließt verspiegelt durch das Treppenhaus,
erwürgt die frühe Mauerschwalbenbrut.

Transparente Augenlider

Meine Gedanken rinnen über Schalen
und blühen zwischen Regenschirmen auf.
Der weiße Wind rankt meinen Turm hinauf,
kämmt über Lampe, Schreibtisch, Vers und Zahlen.

Die Mondin ist mir Münze, Ring und Siegel,
und heute will sie wie die Drossel singen.
Und Räume galoppieren an und springen
wie Seifenblasen durch die hellen Spiegel.

In einem Käfig ist mein Puls gefangen,
in dem Orion weiße Amseln fängt.
Ich schwebe waagerecht im Regenrauschen,

verharre träumend zwischen Messingstangen.
Die Kompassnadel will die Richtung tauschen –
bis mir der Morgen sein Erwachen schenkt.

Das Geisterhaus

Unten im kühlen Grund wächst eine Nessel,
da wo es einsam ist und amselstill,
und wo das Gleis im Gras sich schlängeln will
so wie ein letzter Atem: ohne Fessel.

Der Weg windet sich hoch in breiten Stufen,
als wollte er direkt ins Mondlicht führen,
verliert sich dann in Schatten und in Türen.
Im Nesselgrund hör' ich die Amsel rufen.

Im Stockwerk oben, im geheimen Zimmer
tropft seit Jahrzehnten schon ein Wasserhahn.
Von unten dringt durchs Fensterkreuz ein Schimmer

und hängt vom Mauerwerk in lichten Trauben.
Urnen sind angefüllt mit Messingschrauben.
Die Amsel ruft. Mein Nachtwerk ist getan.

Im Granit

Der Kirchturm, falkenweh im Nebelweiß
war einst ein and'rer: wehrhaft und gedrungen.
Und fremdes Liedgut wurde dort gesungen:
es klang von Sorge und von Rache heiß,

als würden aus den Krypten Geister singen
der alten Langobarden oder Goten,
die aus den Tiefen mit nochält'ren Toten
in Notation und Blutrausch widergingen.

Dann scheint's als hebe sich das Tuch der Zeit:
Der Berge Grate sind wie Sensenschneiden
und dulden keinen Trost, noch Almenweiden.
Ein Schrei nur dringt ins Ödland echoweit.

Schwarzweiß-Fotografie

Weiß zieht der Wind heut Nacht durchs stille Dorf,
weiß treibt er Gischt und Lichter durch die Gassen.
Weiß will der Schlaf des Atems Staude fassen
und golden glänzt das tote Kind im Torf.

Du spätes Schulkind musst jetzt aber eilen,
sonst wird dich deines Hauses Weide morden.
Ein Fehler ist noch nie verziehen worden,
den Riss im Dasein kann kein Engel heilen.

Drei Körbe hängen bald am Weidenast:
der schwarze Mond, dein Brustkorb und dein Ranzen.
Wer einmal strauchelt, dem hilft niemand auf.

Und dies steht nicht in deinem Lebenslauf:
Du wirst mit den Psychosen einsam tanzen,
so lange bis du ausgeatmet hast.

Osiris - Thanatos

Planeten machen meine Träume schwer,
so schwer, dass sie wie Blei im Blut versinken,
sich tief in den Aorten einzuklinken.
So tauchen Meere in ein andres Meer.

Saturn färbt eisengrau mir Puls und Schläfen.
Ich tauche in den Nebel seiner Ringe,
die rechte Schatten, Staub die linke Schwinge,
den Bug aus Schnee für seine stillen Häfen.

Ein Land aus Furcht. Uranus scheint dahinter
mit mattem Schimmer: sonnenferner Zinn
zieht mich in seinen albtraumschweren Winter

und weht den Atem fort. Ich stürze tief
ins eigne Echo, das mich stöhnend rief,
weil ich in schwarzer Nacht gestorben bin.

Zwei Minuten

Augen, in die sich schon das Tuch des Nebels legt,
bevor aus ihren Blicken schwarze Knospen springen,
Augen, die noch zuletzt durch Menschenherzen gingen,
dieweil ein Leib im Sägemehl wild um sich schlägt,

Augen, die jetzt durch leere graue Räume gleiten,
wie Büge sich in helle Kreidebuchten legen,
Augen in Fahrt und Flug mit weißen Flügelschlägen,
die sich pazifisch in die große Krümmung weiten...

Septemberpurpurn

Was ist, ist mächtiges Vergeh'n.
Ein Traum, zuletzt in schweren Weh'n
kommt Himmels ersten Tag umsäumen.
Rudolf Geist

I

Ein Tag in Arkadien

Tautropfen will der frühe Morgen klauben,
wie damals, als der Faun geboren war.
Die Mutter brachte ihn der Muse dar,
er griff nach ihrer Brust, ihr Lied zu rauben.

In deinen Blicken jagten Falken Tauben.
Noch lag der Sommer schwer in deinem Haar
und deine Stimme trug das ganze Jahr
in ihrem Timbre wasserdunkle Trauben.

Ein Hauch von Schnee verblieb auf meiner Zunge,
als man mich zu dir in den Schatten trug.
Und als der Fels die Augen auf uns senkte

riss sirrend eine Saite meiner Lunge.
Ich sah noch, wie im Terrakottakrug
sich Wasser, Honig, Sternenlicht vermengte.

Sibylle von Cumae

Erzähle von der steilen Felsenstirn,
Gerölllawine, Abraum in der Zeit.
Sprich von lunarer Taumelewigkeit,
aus der sich Traumes Zwielichtranken wirrn.

Du fühlst Geheimnishauch in allen Dingen,
du fühlst ihn scheu aus ihren Augen dringen.
Von dort flieht schattenbraun das Reh zum Wald,
aus dem das Pochen eines Spechtes schallt.

Remus und Romulus, zwei Embryonen,
die eins noch sind, doch auseinanderstreben:
du siehst sie allen Dingen innewohnen,
dem Hochgebirge, Salzazur und Leben.

Doch sollst du auch das Morgenrot besingen:
Der Nachthyäne wachsen Storchenschwingen...

Zwielichtküste

Die Welle spült rotgoldne Abendschlieren
der Abschiedssonne in die helle Düne,
den Strandhafer mit ihrem Licht zu zieren.
Sie rauscht noch bis ins Hinterland, ins grüne,

schon stille Feld mit seinen alten Gattern
für Rind und Schaf zu beiden Wegesseiten.
Wo Sichelmöwen mit den Amseln flattern
und Farnkraut leise weht, dort will ich schreiten

bis sich mein Schatten in die Säulen längt
...und Waldesdunkel meinen Atem dämmt
...und absolute Stille mich umfängt
...und Brombeerdickicht meine Schritte hemmt.

Mein Herz bleibt steh'n, es will die Zeit verträumen.
Doch muss ich geh'n. Ich darf nicht länger säumen.

Bitterkeit

Du kannst deine Stunden durchrechen
und säen dein Kornblumenblau,
kannst Flieder ernten und brechen
wie das Haar der erinnerten Frau –

Du kannst deine Stille nicht füllen,
wenn deine Stunde dein Haar vereist.
Vorm Fenster verstummen die Grillen,
wenn das Schweigen den Atem zerreißt.

Auch kann dein Dunkel nicht mildern,
was hell aus dir bricht und schreit.
Lass deine Ernten verwildern
unterm Hauch deiner Bitterkeit.

Konzert

Wie du mir zuströmst, Violine! Trunken,
voll Wehs; man meinte fast, du wärst verrückt.
Dein Lachen -: Neumondvögel, sternversunken.
In deinem Lied sind Gluten mir gezückt,

ist Blondhaar zubereitet, mir zu wecken
ein schluchzendes Geäst in meiner Kehle
von Zweigen, die sich dir entgegenrecken
zu Nestern für dein Klagen, gelbe Seele.

Wie duftest du so hell in meine Wunde.
Ein ferner Stern in einer Nacht aus Holz
bestürzt du mich mit deiner Bitternis.

Sieh, was an Honig in mir war, zerschmolz
in einer letzten Glut aus deinem Munde.
Und was an Atem in mir war, zerriss.

Der Ozean Tsangyang

Er wurde in versteinter Zeit geboren
und in ihm wohnte, der für uns einst starb,
an dem der Dinge Truggesicht verdarb,
und dem kein Wesen jemals ging verloren.

So wurde ihm sein Kinderhaupt geschoren,
dem Bodhisattva der Barmherzigkeit,
dem Wächter an den Pforten unsrer Zeit:
in jeglichem Atom liegt er vergoren.

Und wieder – wie zuvor zur Zeitenwende –
war er den Staatenlenkern nur im Weg,
den Priestern nutzlos, Dichter, Gischt und Wind.

Jenseits von Tibet griffen unsre Hände
Ihn, wie er harrte auf des Flusses Steg.
Er strauchelt in uns, die wir Steine sind.

Versehrt

Et in Arcadia Ego

Junge Frauen, Oberkörper nackt,
die sich zu Tausenden in Wellen wiegen
und ihre grünen Staudenkörper biegen
in eines klaren Küstenwindes Takt -

Strandhaferrauschen, weißes Böenharfen
verstummte nicht im weiten Küstenbogen,
im Helikopterwind empor gesogen,
aus dem Soldatenhände Bomben warfen.

Unter dem Reetdach klirren Teller, Töpfe.
Hinter dem Stacheldraht Granatentrichter,
Kornblumen blüh'n und Augen. Stumme Köpfe.

Der Mond blaut über violetter Düne.
Du im Mistral bist unsres Atems Richter,
bist unsrer Mahnung Lied und strenge Sühne.

So weit hinaus...

Persönlichkeitsveränderung, du Meer
an Gift und Gischt und Ausweglosigkeit!
Auf roter Amsel fliegt mein Atem weit,
so weit hinaus, glaubt nicht an Wiederkehr.

Hinaus in Dämmerung, in Staub und Keller,
wo Zeit mir droht, ich würde mich verlieren.
Auf Messerschneiden leuchten Morgenschlieren
und werden auf den Handrücken schon heller...

Die Purpuramsel ist abflugbereit,
und meine Stimme brennt im großen Feuer,
wo Lied und Wirklichkeit zu Asche werden.

Der Preis fällt. Meine Haut ist nicht mehr teuer.
Ich habe Angst... doch leuchten tausend Erden.
Ich muss jetzt enden. Mich zerfrisst die Zeit.

Mutterkorn

Am Wegrand schmückt sich Herbst mit letzten Dolden.
Das Messer liegt beim Licht in Vogelbeeren:
Ein Akt und Tanz danach, um zu verheeren,
was ruhig sterben wollte, still und golden.

Schneeige Vipern treibt der Wind durch Blumen,
Schriften und Grind und Glanz wie von Planeten,
die einst durch dunkle Ozeane wehten,
geheimen Tod zu streuen in die Krumen.

Seither nun pflügt ein Bauer die Korallen,
in denen uns'rer Erde Träne hängt.
Orion fängt die Spatzen in den Fallen,
hat jedes Lid mit seiner Glut versengt.

Im Hafen zerren Boote an den Ketten,
sich panisch in ein weiches Nichts zu retten.

Die Nacht und die Blumen

Tiefblauer Schimmer, Ufersand in Schlieren,
und Abendstaude, dunkel, Tigersprung
sind Augenfarben in der Dämmerung,
die mit dem Stern die Dunkelheit regieren.

Ein Fackelschein glüht auf in ihrem Grund
von Lippenrot und von geheimem Dorn,
von Wort und Widerwort, gezischtem Zorn,
von Gift und Gischt und Glanz im Brunnenrund.

Ein mildes Licht darin von Hand und Malve
und einem leisen Lied emporgetragen,
vermag wohl, kollektive Wut zu stillen

und aufzuweichen einen harten Willen...
aber auch Windstoß und Pistolensalve
könnten die Blüte aus den Händen schlagen...

Er malt vertiefter

Um fünf Uhr früh erwacht der erste Bauer
und bindet Ährengold zu schlanken Garben,
und an der alten braunen Friedhofsmauer
probiert der späte Sommer seine Farben:

Er malt vertiefter seine Morgenschatten,
von braun und gelb erfiebert die Palette,
es duftet herb uns aus geborst'nen Platten
des Wegs durch diese letzte Ruhestätte.

Man hört den Bauern rufen zu den Helfern
und einen fernen Hund antwortend belfern.
Zu meinen Füßen klafft ein frischer Schacht:

dort wird man heute jemanden begraben.
Noch voller Schlaf erheben sich zwei Raben.
Nicht lang, dann ist die Ernte eingebracht.

Am Strand

Zwischen zwei Nächten wird der Tag zerrieben
wie kalter Sand. Er spannt sein kleines Segel
zwischen den Bäumen: transparenter Kegel.
Der Torso eines Rumpfs ist ihm geblieben.

Ein gelber Schimmer läuft entlang der Planken:
kein Bernstein ist das fahle Uferlicht.
Ein Regenschein belebt sein Rauschen nicht,
rinnt einem Reh wohl über Hinterflanken

und hat am Strand des Tages Boot zerlegt,
weht Fichtenduft in offene Kajüten
und weitet sie in seinen Winterraum.

In Frachtverschlägen mag das Wildschwein wüten:
wenn Wind den Mast in Span und Stück zersägt,
versinkt der Kiel in Gischt und Zeitenschaum.

Sphinx

Wie kam der Spiegel an die Seen-Bucht
dass er den Reiher in zwei Teile schnitt?
Wie kam es, dass er in die Welle glitt
und Wolken irrten durch die Spiegel-Flucht?

Der Mensch ist Engel und ist Baum zugleich,
und die versehrten Lippen sind auch Spiegel,
sind Silberblätter, Klinken, Rätselriegel,
sind Grollen fern, an Dämmerungen reich.

Die Lippen sehen in das Herz der Dinge,
die Augen spiegeln nur den Innenraum.
Am Sein versagt des Menschen Atemschwinge.

Am Dämmerufer ist das Licht vergoren,
im Kuckucksnest wird Sternenwind geboren.
Das Herbstlaub lodert am Gewittersaum.

Saturn

Über den Schnee, durch Nacht und Birkensäume
knirscht nicht mein Schritt und nicht hörst du mich schreiten,
vernimmst mich nicht auf Windes Federn gleiten,
wie ich einst glitt durch Hall und Wellenräume.

Und so berühr' ich deine Schläfenseiten,
die blonden oder brauen Gartenschäume,
Rabatten, mittagshellen Apfelbäume,
um Schnee und Rauhreif drüber hin zu leiten.

Ich mache Mauerwerk zu leichten Zelten
und hauche sie in ihre Ewigkeiten.
Wie Seifenblasen sind mir Sternenwelten.

Niemand vernimmt mich, wenn ich leise singe.
Ich bin die Zeit und ging durch alle Zeiten,
verband den Puls dem Staub durch meine Ringe.

Was, heller Geist, wenn ich nichts tragen kann?
Für Christa

Was, heller Geist, wenn ich nichts tragen kann
von diesen Diesseitswassern hin zu dir,
von Licht und Farbe unserer Epochen,
von ozeanen Tiefen, vom Papier,

von Kreidefelsen und verhallter Vogelbucht,
vom Weg ins Licht, illuminierter Seite,
vom Berg, der Schatten warf in unsre Seelen,
vom augenblauen See, von Ruf und Weite?

Wie kann ich dieses eine Leben
festhalten, wie es mir ersingen?,
da seine Tage mir entfliehn
auf großen, goldbrokat' nen Schwingen...

II

Im Süden Frankreichs

Die Sonne hat ihr Wesen ausgeschüttet
und sich wie Milch im blauen Raum verteilt.
Kein Engel hat den Mandelbaum zerrüttet.
In jedem Grashalm ruht sie und verweilt:

windstille maritime Ewigkeit.
Dahinter schmelzen sanft gewellte Hügel,
Weinberge in brokatner Ruhe. Weit
sind Täler, pferdeäugig, ohne Zügel.

Dort ließ ich uns im stillen Dorf zurück -
dich, amselschwanger: einen Rosenstock;
mich: kleine Feldsteinkirche ohne Türen.

Dort schlang sich Schlaf wie Schierling in das Glück.
Dort band ich Abschiedstränen an den Pflock,
um meine Schritte aus dem Traum zu führen.

Resignation

Die Morgenwärme schlief auf deinen Lidern.
Darunter flogen dichte Rabenhorden
zu weißem Fluss und Echo in den Norden,
ein trübes Licht in Schwingen und Gefiedern.

Öffne die Augen, statt die Nacht zu schauen!
Ich wollte blaue Kirchen darin bauen,
doch Wolkenprozessionen bleicher Orden
und Rutenbündel sind daraus geworden.

Da stieg ich selbst hinab in deine Träume,
dir deine Abendflechten zu entwirrn.
Ich bot dir meiner Blicke Meeressäume
und dir zum Himmel meine Malvenstirn.

Ins Eisen hab ich meinen Kuss gesenkt,
danach den Schritt zu mir zurück gelenkt.

Nimmerdu

Erwacht untiefenblau der Spatzenmorgen,
erwachst und blaust du nie mehr neben mir.
Ich kann mir keinen Duft mehr von dir borgen,
ihn in die Welt zu tragen als ein Wir.

In meiner Kehle dunkelt eine Quelle,
daraus ich schöpfen muss im Puls-Exil.
Auf meinen Augenlidern keimt die Helle,
das Licht hebt an. – Doch das besagt nicht viel.

Tagsüber wartet alles, auch die Stunden.
Das Zimmer wartet lange auf Jacqueline,
die weiße Tür und auch der stille Flur.

Wenn endlich Stunden sich zum Abend runden
und letzte Lichter in die Weite ziehn,
vermengt mein Schweigen sich mit dem der Uhr.

Ich kehre zu mir selbst zurück

Ich kehre zu mir selbst ins stille Zimmer.
Funkelndes Schweigen ist wie spätes Glück.
Nur du bleibst aus, lässt leeren Puls zurück,
ihn einzusiegeln in den Flammenschimmer.

Nun ist mir Herbst. Und Abschied bleibt für immer,
weil ich dein Wesen immer wieder pflück,
als wiederholte ich ein Bühnenstück
und such was heiter war im Lebensglimmer.

Um deinen Gang und Duft nicht zu verlieren,
und deine Stimme nicht aus meinem Ohr,
muss ich das Drama wieder arrangieren,

und wieder ziehe ich den Text hervor
und seh' wie bronzen jene Zeiten waren,
wie still danach um mich der Brand von Jahren.

Dorf mit Park und ferner Küste

Die Sonne keimt im groben Frühgetreide.
So kühl und schmal stirbt Tod in deinen Händen
und um uns an den stillen weißen Wänden
quillt erste spinnwebzarte Wolkenseide.

Vormittags leuchtet Hesperorniskreide
und will ihr Licht vom fernen Felsen senden
auf deine Haut in Marketenderständen
und deine Augen in der Trauerweide.

Braun oder silbern wird das Regenlicht
in deinen transparenten Haaren blühn,
als schlief im Winde die geheime Quelle.

Ich sehe dich im Sauerampfer glühn,
will dich berühren und vermag es nicht.
Dein Lachen löst sich in der Mittagshelle.

Verwaister Markt

Der Regenflieder überm Riesenrad
träumt in den stillen Gondeln in die Weite.
Ein Sichelhagel auf der Unterseite,
der Wolkenkätzchen abgeerntet hat,
poliert und eicht nun, was die Zeit verbleite.

Und in dem blinden Spiegellabyrinth
wächst tausendfach dein weiches dunkles Haar,
doch dein Gesicht erblasste Jahr um Jahr
in trübem Spüllicht und im grauen Wind,
die in der Drehorgel geboren sind.

Im Regen spannt die Küste ihre Schwingen
aus Millefioriglas. Erhebt sich schon.
Nun hört mein Atem auf, von dir zu singen
und dich zu tragen, durch das Nichts zu bringen.
Du warst Musik... und Jahrmarktsillusion.

Heimatlos

Seit ich dich liebe, bin ich heimatlos
und bin an meinem Herzen fast erfroren.
Nachtstimme will ich sein und Rausches Ohren.
Weithin brennt Weizen. Gottes Zorn ist groß.

Weithin brennt Weizen, sprüh'n die Nächte bunt
von Sternen, Blättern, leuchtenden Korallen.
Nach meinem Rücken haschen Katzenkrallen,
Kometen reißen meine Schultern wund.

Im weiten Dröhnen Ozeans versanken
Boote aus Glas wie ruhige Gedanken
und meiner Klagelyrik Blätterfloß.

Die Stirn wird weich, als wär ich nie geboren,
Seit ich dich liebe, bin ich heimatlos
und bin an meinem Herzen fast erfroren.

Fado zum Akkordeon

All unsre Städte sind so nah am Meer,
dass ihre Straßen weißgewaschen sind
von Silbergischt, heut' Morgen, harschem Wind
von unsichtbaren Umschlaghäfen her.

Sieh all den Perlmutt unsres Lebens, Liebe,
du, die so fern von meinen Tagen bist:
noch schimmert er in meinem Traumbatist.
O, dass sein Birkenschauer mir noch bliebe!

All unsre Fracht muss schon im Dasein sterben.
Der Trug liegt zäh im Blut und währt schon lange,
und ich verschwinde Wange über Wange
wie schattenhaft aus dem gedrehten Scherben.

Zerrann ein Tag

Zerrann ein Wassertag, noch ungeboren,
und wurde unter harscher Nacht begraben.
Ein Bächlein Honig wollte Hoffnung haben.
Die Scherbe spiegelt sich darin vergoren.

Im Dunkelsternenwind singt fern verloren
noch fadendünne Quelle in den Waben,
zermalmt vom Wanderschuh und schweren Naben.
Das Eisen hat die Felder blank geschoren.

Mein Atem wollte voller Lieder sein,
mein Puls war goldgestreift und sprungbereit,
da lösten sich wie Blätter deine Hände.

So rauscht der Winter voller Einsamkeit
bleigrauer Fracht vor Topp und Takel ein
und wirft den Anker an der stillen Lände.

III

Metamorphose

Des Vogels Kirschherz durch die Schatten ruft,
doch Waldesdüster brach kein Schweigesiegel.
Und plötzlich schreckt der Kuckuck durch den Spiegel,
den Zirkonschauer freier Lerchenluft,

und spannt die Schwingen, wird zur Mauerschwalbe,
noch ängstlich flatternd segelt er im Bogen:
Tollkirschenherz zerplatzt und wird gezogen
ins hohe Blau, und seine Stirn wird falbe,

als ihn der jähe Küstenaufwind trifft
und wirbelnd seinen Flug nach oben reißt,
in seiner Brust ein helles Segel spannt,

mit Muschelkalk ihm das Gefieder weißt.
Über des Ozeanes schräger Drift
entflammt sein Puls – fliegt übers Sonnenland.

Ittis

Rotrückenwürger, was verbirgst du hinter
der schwarzen Larve für ein Wellentosen?
Neunfachen Atem trugst du in die Rosen,
und flohest selber vor dem harten Winter.

Du hast dich in das Nachtigallenlied
mit einer fremden Strophe dreingemischt,
neunfachen Spott dem Wind ins Ohr gezischt,
der vor den Dornen in den Süden flieht.

So schufen uns die Engel Liturgien
und Lasten für die lange Winterzeit.
Wir sehn sie mit versehrten Rücken fliehn.

In unsren Stirnen rührt ihr träger Sund,
in unsren Jacken macht sich Kälte breit.
Das Gift dringt aus der Kehle in den Mund.

Rondeau

Der Eichelhäher jagt Erinnerungen.
In Waldes Grün und Wassers tausend Zungen
sind Berg und Nebel liebesaktverschlungen.
Der Eichelhäher jagt Erinnerungen.

Wer wagt's das Gletscherschweigen aufzustören?
Der Eichelhäher jagt Erinnerungen
in Waldes Grün und Wassers tausend Zungen.
Wer wagt's das Gletscherschweigen aufzustören?

Der Eichelhäher jagt Erinnerungen.
Mein harscher Puls, du bist ein Eichelhäher,
Du drängst aus Dunst und Dunkel, Fährnis-Späher.

Und wenn der gold'ne Wind harft in den Föhren,
in Waldes Grün und Wassers tausend Zungen,
kann man dein Lied zerissen weinen hören.

Eis-Engel

Dein Kuss, septemberpurpurn, weckte mir
Eisvogelschwingen rechts und links der Zunge.
So Durst nach Weite, dunkles Lied von dir
wurden Violenflug in meiner Lunge.

Ich ließ mein Herz auf Sehrohrtiefe gehen,
mein Haupthaar leuchten in den Wogenkämmen,
wo Wolkengischt und Gipfellicht verwehen,
wo nichts vermag, die Räume einzudämmen.

Dein Puls gibt mir den Rhythmus vor seither,
sind mir auch lang schon Brust und Stirn gefroren
und hat sich Stille darin eingeschworen.

Dein Abschiedsblick sprach traurig: „Nimmermehr".
Und doch: die Weite blieb nicht länger leer.
Eisvogelwolken hat sie mir geboren.

IV

Tristesse

Die Straßen sind von Sternen blankgewaschen
und Hochbaukräne sind illuminierte,
fern in die Nacht gestickte Silberfäden.
Hinter Brandmauern schlafen die Passanten.

Es träumen auch die Auslagen der Läden,
die Schuhe, Regenschirme, Reisetaschen.
Der Tauber, der den Mauersims regierte,
verblutet kopflos in die Bordsteinkanten.

Der Kalk des fernen Mondes ist geborsten.
Durch Baustellen und Spiegelkabinette
steigt er hinauf, schwebt über Hochbaukränen.

Der Nachtwächter raucht eine Zigarette,
sieht über Nebelhalden, zwischen denen
Mitternachtswanderfalkenblicke horsten.

Chor:
Mitternachtswanderfalkenblicke horsten
auf deinen Schultern. Harren. Warten. Bleiben.
Dein rechtes Schlüsselbein – es ist zerborsten.
Herbstlava liegt in blinden Fensterscheiben.

Prismen in grauen Spiegeln
(Blues für Rezso Seress)

Herbstlava liegt in blinden Fensterscheiben,
durch die wie Silberreiher Brücken schwingen.
Das Flussgrün will sich in den Himmel schreiben,
ins Blau sich mischen mit den leichten Dingen.

Kein Brand der Baumalleen, keiner der Seelen,
kein Haar im Wind von Grün, Orange und Licht.
Ich fühle in mir Blut und Atem schwelen,
doch bin ich flügellos und brenne nicht,

und Keine ist, die mir die Schwere nimmt,
die mich bemalt und meine Saiten stimmt.
Niemand. Nemesis nur. Nemesis glimmt.

Ich bin so grau wie Eisen, Blei und Stein
Nemesis trübt den Farbenatem ein.
So muss die Fackel kalt und dunkel sein.

Chor:
So muss die Fackel kalt und dunkel sein,
doch borgt sie sich des fernen Morgens Schein.
An deiner Schulter wird ein Apfel reif.
Die Sonne ist ein roter Flammengreif.

San Marco

Die Sonne ist ein roter Flammengreif,
der Flügel trägt schon nächtlichen Brokats
wie Schleier nur, doch sein Kometenschweif
taucht schon in Bronze des Lagunenstaats

verzuckerte Paläste, Gassenpflaster
und blinde Spiegel in verschloss'nen Mauern.
Schon schattengrau umschlingen sich Pilaster,
verharren still unter den Zirkonschauern.

Vor Anker die vereiste Karavelle
erzittert auf geschichtlicher Verlandung.
In Windhauch, kosmisch, Flügelschlag und Welle
verklingt an ihr die Zeit wie ferne Brandung.

Auf schlanker Säule keimt ein Blütenglanz
und singt ihr schon vom Mittagsflammentanz.

Chor:
Und singt dir schon vom Mittagsflammentanz
noch ehe anhebt Sternenstaubs Verwehung.
Von außen klingt das Lied des Weltenbrands,
von innen leuchtet dir die Auferstehung.

Lorenzo Ghiberti – Paradiesestür

Von Osten leuchtete die Auferstehung,
im sonnenfernen Norden nur die Glut
unduldsam eifernder Prophetenwut
und oben: Flammennacht, Äonendrehung.

Die erste Tür der Kirche schwingt gen Osten.
Die zweite Porta galt dem kalten Norden,
doch da ihre Motive überborden
und sprengen ihren Rahmen in den Pfosten,

entschied der Mensch, die Türen zu vertauschen.
Und kaum getan, vernahm er leises Rauschen
des Tags in seiner Toga aus Batist.

Rinascità! Mein Herz, lass dich verführen,
und öffne mir die hellere der Türen
aus einem Grund nur – weil sie schöner ist!

Chor:
Aus einem Grund nur – weil sie schöner ist,
weil du der Sphingen Glanz und Schwinge bist
und Portugals schneller Entdeckerbord,
ist Reinkarnation dein Seelenort.
Wo – gleitest du vorbei – ist der Erträumte?

Filippo Brunelleschi

Wo – gleitest du vorbei – ist der erträumte
kosmische Ort der keimenden Ideen?
Scheint er hinauf im Sonnenglast, im Weh'n
des Schattens, der die Loggien umsäumte?

Alsbald erhebt sich auf dem blauen Hügel
und aus der Mitte der Vision Florenz
und treibt von Transparenz zu Transzendenz,
von Kolonnade zu Libellenflügel.

In den Sonetten, Malereien, Scheiben
spannt sich die Kuppel und beginnt zu glühen.
Der Sonnenfalke kreuzt die späte Stunde.

Gleich einer ziegelroten Seelenwunde
siehst du die Weiten der Toskana blühen
und wünschst dir fest, du mögest ewig bleiben.

Chor:
Du wünschst dir fest, du mögest ewig bleiben,
doch alles fließt, und willst du bleiben, geh.
Der Abendwind treibt Schatten in die Eiben. -
Es gibt nur Heiliges und großes Weh.

Spätsommerabend

Es gibt nur Heiliges und großes Weh,
Profanität ist eine Illusion.
Das weiß ich, wenn ich stille Wege geh
und meine Lebensstunde neigt sich schon.

Die tiefe Sonne sprüht ihr Licht in Funken.
Der Abend spült die Schatten in das Feld.
Über die Schuhe winziggraue Unken
huschen aus dem Dämmer auf die Welt.

Der gold'ne Eros ist ans Kreuz genagelt
und senkrecht blickt hinab das Meer der Ruhe
wie ein Tsunami plötzlich stille steht.

Lausche dem Kronos, wie er oben geht:
Über Platanen hat sein Wind gehagelt.
Unter den Schirmen warten meine Schuhe.

Abendlandchöre

Mitternachtswanderfalkenblicke horsten
auf deinen Schultern. Harren. Warten. Bleiben.
Dein rechtes Schlüsselbein – es ist zerborsten.
Herbstlava liegt in blinden Fensterscheiben.

So muss die Fackel kalt und dunkel sein,
doch borgt sie sich des fernen Morgens Schein.
An deiner Schulter wird ein Apfel reif.
Die Sonne ist ein roter Flammengreif

und singt dir schon vom Mittagsflammentanz
noch ehe anhebt Sternenstaubs Verwehung.
Von außen klingt das Lied des Weltenbrands,
von innen leuchtet dir die Auferstehung.

Aus einem Grund nur – weil sie schöner ist,
weil du der Sphingen Glanz und Schwinge bist
und Portugals schneller Entdeckerbord,
ist Reinkarnation dein Seelenort.
Wo – gleitest du vorbei – ist der Erträumte?

Du wünschst dir fest, du mögest ewig bleiben,
doch alles fließt, und willst du bleiben, geh.
Der Abendwind treibt Schatten in die Eiben. -
Es gibt nur Heiliges und großes Weh.

V

Das Wort

Der Springquell singt im Wort und im Finale.
Die Dinge sind mit seinem Tau benetzt.
Was seine Eisenklinge kalt verletzt,
das heilen seine farbigen Vokale.

In ihm wächst wie die Wurzel das Banale,
doch hält es eine Lilie besetzt.
Es fließt durch Zeiten und erblüht im Jetzt
und spiegelt sich in jeder Blätterschale.

So kann es Wasser und auch Säure sein,
wenn sich zwei Atem umeinander ranken.
Es wirft die Spiegel und gerinnt zum Stein.

Es kann betrunken um zwei Münder wanken –
Und manchmal gibt's der Stille sich allein
und strudelt in zerborst'nen Brückenplanken.

In dir behaust

Geliebte. Turmbibliothek, mein Flur,
du schlankes Segelschiff, du Zitadelle,
du Tempel, zweite Haut, du Flug und Welle,
du Zauberberg, du stille lange Kur,

du Zwang zu Schlaf und Traumversunkenheit –
in dir nur kann ich wahrhaft in mich gehen,
die Tage unter mir verbrennen sehen,
und in der Ferne glühn die Wiesen weit,

die Dörfer schlafen unter ihrer Sage
wie kleine Echsen unterm Schutz des Steins.
Die Ewigkeit und Illusion sind eins
wenn ich mein Lied aus deinem Fenster trage.

Auf jenem Kirchplatz unter meinen Blicken
– wie Böen segeln sie im Hauch zu Tale –
erwächst das Gotteshaus zur Kathedrale,
wenn unterm Zeitenwind die Birken nicken.

Mondfest

Verhalten vor den Fenstern die Posaunen
spielen ein letztes Lied ins Abendgrau
und Seifenblasen fallen mit dem Tau
in Blumenbeet und Birkenwipfelraunen.

Lärm und Musik und glockenklares Lachen
erfüllte eben noch den Abendraum.
Der dicke Kaiser folgt dem roten Drachen,
blitzhelles Blech zerteilt den Wolkensaum.

Kinder wie Blumen tanzen zu den Schellen
und folgen dann dem Drachen und dem Kaiser,
als ziehen Glanzkometen durch die Wellen,
verebben fern und werden immer leiser.

So spät im Jahr

So spät im Jahr noch eine wilde Biene,
die über die entlaubte Wiese summt -
Am Spätnachmittag ist der Wind verstummt.
Am Weidenzweig hängt seine Violine.

In der Allee von kahlen Apfelbäumen
sind seine Notenblätter aufgespießt,
und fern, wo du die Falken kreisen siehst,
zerfasert sich der Wolkenschaum in Neumen.

Mähdrescher, grün wie große Heuschrecken,
auf denen Abendbronzelicht zerrann,
werfen die Bittermandelschatten weit.

Der Spielmann schläft. Noch einmal hebt es an:
das große Lied der welken Sommerzeit.
Wir wagten nicht, den Träumer aufzuwecken.

Halbinsel Stralau

Der See an deiner Stirn, der Fluss an deinen
Steinkieferklippen furchten dein Gesicht.
Des Menschen Zeitenhauch vermag es nicht:
nur wie ein Flor mag dir sein Puls erscheinen.

Des frühen Jägers erste Feuergluten
und Fischers Reuse mit dem Elchgeweih,
das Fundament der Wendenburg – vorbei,
längst fortgespült von übersonnten Fluten.

Und rechte, wie auch linke Diktaturen
prägten dich nicht und gingen ohne Spuren.
Gleich toten Urzeittieren nur verfallen
Dächer und Backstein zweier Lagerhallen.

Und was einst Feuerstein und Ocker war,
wird Glas und Licht und helles Mobiliar.

Eileen Gray's ästhetische Idee

Von Transparenz zu Transzendenz scheint klar
auf sich zurück geworfen dieser Teich:
er scheint direkt aus dem Ideenreich
und abgegrenzt im Sein nicht mehr als wahr,

ästhetisch nüchternes Gedankenwiegen,
und ist doch nur ein Tisch – verchromter Stahl,
in dessen Ring die Bücher meiner Wahl
auf leicht getöntem Glas vor Anker liegen.

Doch ist es wirklich nur ein Möbelstück,
im Wesen seelenlos, und kalt und starr,
ein Neunzehnhundertzwanziger-Design,

und nicht auch Meditationsaltar
der Kunst, wirkliches ideelles Sein,
getränkt von Wahrheit, Schönheit, Augenglück?

Stralau, später

Entinselt blickst du durch die Fensterscheiben
auf winterfest gemachten Baugrund hin.
Maschinen schlafen im Novemberzinn
und Wind will sich an harten Gräsern reiben.

Von Turm zu Turm will Jenseitsecho bleiben,
von Kuss zu Kuss mehrt sich der Lebenssinn,
Handflächen dorren, wollen Geldgewinn
und Wind will Flügel übers Wasser treiben.

Wie wünschte ich, du tauchtest unters Netz
der allgemeinen Kommunikation
und gründeltest im tiefen Schattenlicht

– ein Silberhecht – nach deinem Fischgesetz.
Du huschtest blauberauscht ums Telefon
und kümmertest dich um uns Menschen nicht.

Trambahn

Es dämmert schon auf der Nachhausefahrt,
Fenster für Fenster gehen Lichter an,
dass man Büros und Zimmer sehen kann,
in den Museen Skulptur und modern-art...

Wie Wahrheit selbst, Laternen grell und hart
beleuchten Kegelschnitte. Dann und wann
zoomen sie Dasein an den Blick heran:
die Lesende... den Trinker, Bier im Bart.

Flüchtige Szenen haften in Pupillen:
in ihren Süden ziehn in weiten Wellen
die Gänse durch den Wolkenmauerwall.

Ich such im Abendgrau die Spur des Hellen,
im Momentanen einen großen Willen
und Schönheitsblüten mitten im Verfall.

Geheimnis des Sterbens
Auf eine Ruine in Berlin

Sechsstöckig dämmert's grau und menschenleer
am Straßenrand und seinen Lichterwellen.
Das Mauerwerk um seine stillen Zellen
flüstert im Schlaf vom Rattensöldnerheer,

als schwömme es in Spülicht, Strom und Schnellen
zum Messingrad und Tod am Schleusenwehr.
Hier spielt die Zeit schon keine Rolle mehr,
wie auch in Angkors grausigen Kapellen.

Auf seinem Flachdach sterben die Antennen
wie alte Reiherflügel, flugbereit:
sie wollen ihren Tod nicht anerkennen.

In fernen Fenstern will der Schlaf verhallen.
Darüber Nacht und Ozean und Zeit:
von Sternenstrudeln mächtige Korallen.

Berlin-Hohenschönhausen, am Faulen See

Das bleibt: am Stadtrand jener stille See
und eine Stunde, um dort zu verweilen.
Die Nacht dringt schon herauf, und Lichter eilen
über sein Grau wie Ofenglut und Schnee.

Ein ferner Donner schreckt den Spiegel auf
und Algenhaar beginnt in ihm zu wiegen,
als würden weiße Stirnen drunter liegen,
dahinter ständiger Gedanken Lauf.

Auch dieses Bild gemahnt, in mir zu bleiben:
eiserne Regenlanzen in der Ferne.
Im Spiegel schweigt das Feuerwerk der Sterne,
durch das wie Hände rote Blätter treiben.

Andacht

Die Stadt flieht scheu. Hier hat der Bussard sein Revier,
todschmale Hirsche kommen manchmal zu Besuch.
Der stille Himmel spannt sein weites blaues Tuch
und blüht aus jedem windgebeugten Grashalm hier.

Halt deinen Atem fest in deiner Lunge
und fessele mit einem Vers dein Wesen.
Roll deine Seele über deine Zunge,
versuch in deinem Inneren zu lesen.

Dasein und Tod: zwei kleine Winde,
die hier um eine Holzbank spielen
und um die Wand aus brauener Rinde.

In meinen Augenscherben
beginnt das Weiß zu prielen
und jeder Laut will sterben.

Memento mori

Bei einem dieser Dörfer, preußischblau,
am Waldrand hat man einen Kopf gefunden.
Moos war in seine Augen eingewunden
und lag in Schädeldämmers Höhleninnenbau.

Die lange Zeit. Sie hat den Wald erschüttert,
der Regenhonig spülte Schicht um Schicht
und brachte ihn so an das Tageslicht,
da hat ein Hörnchen ihn mit einer Nuss gefüttert.

Jetzt liegt er hinter Glas im Institut,
denn man befand, er wär äonenalt.
Sein dunkles Schicksal spricht nur von dem Wald,
wo seine Freude, Traurigkeit und Liebe ruht.

Am Stadtrand, wo sich junge Paare küssen,
dicht an dem Fundort, geht das Leben weiter.
Die Autobahn wird jetzt zwei Spuren breiter.
Von Zeit zu Zeit bedenke, dass wir sterben müssen.

Hohenschönhausen, am Stadtrand

Beton und Glas im Morgensonnengleißen
und Fieberglühen der Asphaltchausseen –
Ein Fußmarsch von Minuten: sie zerreißen
wie weiße Schatten, sinken und verweh'n.

Es muss verfallen in den morschen Pflöcken,
eh wieder Zeit beginnt in dir zu lesen.
Ab Juni funkelt's auf den Bienenstöcken
wie Gold in Hunderten von kleinen Wesen.

Wenn man von dort die Schritte weiterlenkt,
kommt man durchs hohe Gras zur Dorfkapelle.
Im zweiten Weltkrieg wurde sie gesprengt.
Die Gräber schlafen in der Sonnenhelle.

Im alten Schuppen ist es drückend heiß,
dort tickt im Messingschlaf die Zugmaschine.
Im Gaukelflug ein Weidenkätzchen, weiß:
Eucera heißt die wilde Wiesenbiene.

Im Gartenland die Kirschgehölze schäumen.
Dort will auch ich einmal verwurzelt sein.
Der ganze weite Himmel scheint zu träumen,
es fließt die Stille wie im Shinto-Hain.

Aus meinem Tagebuch

Bin heute Morgen nicht wie sonst erwacht:
Das Licht lag wie im Seengrund ein Fächer.
Mein Kopf hat nicht wie eine Sphinx gelacht
und meine Seele war ein leerer Becher.

Wie braun war deines Haares Nusswaldlicht,
wie es so warm um meine Wangen lag!
Dein Atem schlief so heiß auf meiner Haut.

Die Silberstunde schwimmt in steter Ruhe,
der Becher singt noch nicht von Bitterkeit.
Mit herbem Eichenholz ruft meine Truhe:
„Geh aus. Sei stolz. Sei wieder sprungbereit."

Du musstest gehen. Frieden gab es nicht.
Gleich hellem Messing liegt in mir der Tag,
da ohne dich die Morgenstunde blaut.

Wie wir sind

Wir sind nicht aus dem Paradies vertrieben,
wir trieben es aus unsren Adern aus.
Vielleicht ist noch ein herbes Holz geblieben
und baut uns Nest und Höhle, Raum und Haus.

Wie blühte uns der Mut wenn wir nicht liebten
den Flaum des Arms, der Winde weites Blau,
Momente, die wir aus dem Zeitsand siebten,
den Nadelwald, den Wehr am Bieberbau

und auch das Schöne, das wir selber schufen,
die Worte, Wahres zu versiegeln, und
die Montgolfierengondeln in der Luft,

das Schleusenmessing, Brot- und Eisenduft –
Statt dessen knospt das Gift in deinem Mund:
dein Lied vermischst du nicht den Vogelrufen.

Urlicht, Stein und Dauer

Vor Rätsel stellt mich der versteinerte
und in den Stein gewund'ne Trilobit.
Ein Wesen, das, so alt wie der Granit,
die Zeit des Menschen noch verkleinerte.

Das Licht aus altersgrauen Pyramiden,
das sich auch jetzt in unser Lachen legt,
hat schon den frühen Ozean bewegt
und gab dem Tier im Stein zeitlosen Frieden.

Kam wohl der tiefste unsrer Lebensschauer
vor endlos langer Zeit von dunklen Sternen?
Hat eine ernste Gottheit uns geträumt?

Kommt unser Hauch noch immer aus Kavernen,
von jenem ersten Ozean gesäumt,
Segmentenschimmer, Urlicht, Stein und Dauer?

Die Hand des Fälschers

*Die Wahrheit ist ein ehrbarer Dieb,
sie bringt dir deinen Spiegel wieder.*
Chambers „King in Yellow"

Das Urmeer gischtet hell in unserm Blut,
solange auf der Haut sein Spiegel dunkelt,
solang wir ahnen: das da golden funkelt
an unsren Wangen ist der Gottheit Glut,

die auch in jedem Sein und Wesen ruht.
Wir sind der Geist, das Kreuz, die Auferstehung
und wir die Schönheit, Täuschung, Trugverwehung,
und in uns endet eines Lammes Wut.

Das Firmament, der Lotosthron, bleibt leer,
die Tür bleibt unbewacht und wir, gebunden,
verlassen bald dies traumversunk'ne Land.

Wohin soll's geh'n? An welches andre Meer?
Der Tod ist Furcht um unsren Hals gewunden.
Nun zieht sie sich zurück – des Fälschers Hand.

Vielleicht in einem andren Traum, so nebelzart

Vielleicht ist dieses Leben nur ein Traum
in einem andren Traum, wie Poe uns sagt,
in den sich träumend Gott hinunter wagt,
vielleicht in Welle, Gischt und Spiegelschaum?

Man sagt, das All wär bloßer Innenraum,
nur Illusion, die an der Seele nagt,
in die der Finger eines Morgens zagt,
so nebelzart, Kailash berührt er kaum.

Wie dringt der Atem des Gebets zu ihm?
Wie dringt zu uns, was er uns singt und weist,
wenn uns der Strudel zu den Schnellen reißt?

Nur ein Fragment ist noch vom Tag geblieben:
"All what we seem is nothing but a dream
within a dream" steht dort vielleicht geschrieben.

Weit
Berlin-Karlshorst am Morgen

Der Kuckuck öffnete den Schnabel und
die neugebor'ne Sonne lag darin
in ihrer Glut, doch strömte schon dahin
ihr Duft, als läge sie in meinem Mund.

Ich sog mit ihr den weiten Himmel ein,
den fernen Wald, die ausgespannte Heide,
noch in der Stirn die morgendliche Seide,
als wollt' ich Engel oder Blüte sein.

Mein Mund ist Gold und in ihm schlafen Bienen,
in meiner Lunge glänzt des Landes Weite,
der Wiese Harren und ihr tiefes Rauschen,

zur Linken überwucherte Ruinen
und rechts des Waldes ominöses Lauschen,
das ich auf meinen Sinnen übergleite.

Ewigkeit

Das Universum strahlt aus jeder Blüte,
aus deinen Augen auch, aus jedem Stein.
Es scheint versehrt, doch will's vollendet sein
in voller Schönheit, Präzision und Güte.

So trieb die Sternenwelt durch alle Zeiten
und klang aus Echsen- wie aus Vogelkehlen,
blüht aus der Hand, an der zwei Finger fehlen,
um Menschenpulse für sich zu bereiten.

Der Blick im Hass fehlt wie ein Puzzlestück
dem Universum – aber nicht für immer.
Es klärt ihn tröstend, holt ihn sich zurück.

In der Ideenwelt erstrahlt sein Schimmer,
im Duft des Brotes wie im Sterbezimmer.
Und letztlich rundet alles sich ins Glück.

Für Irene
Denn Dir soll das Büchlein gewidmet sein

Du öffnetest Vitrinen, Laden, Truhen
aus dunklem Holz in deinen stillen Räumen,
vor deren Fenstern Kirschgehölze schäumen,
darinnen blaue Mittagsprismen ruhen.

Aus deinen Schränken dringt die maritime
tiefdunkle Urzeit einer jungen Welt.
Kein Licht. Aus fernen Sternenstrudeln fällt
ein Zeitstrahl, rührt Tentakelring und Kieme.

O Zeit und Raum! Ich weiß: ich kann nicht sterben,
weil ich in beiden um Erhöhung ringe
und weil in jedem schmalen Lebensscherben
ich ganz und voll als Universum klinge.

Glossar:

Ammoniten – tintenfischähnliche Weichtiere in gewundenen „Schneckenhäusern", vor 65 Millionen Jahren ausgestorben.

Aureole – Heiligenschein, auch **Nimbus**.

Bodhisattva – Erlösergestalt aus dem fernöstlichen Buddhismus.

Eileen Gray (1878-1976), irische Architektin und Designerin u.a. eines berühmten Glastisches.

Fado – portugiesischer Gesang, meistens mit traurigem oder sozialkritischem Inhalt.

Filippo Bruneleschi (1377-1446), Renaissancearchitekt u.a. der Domkuppel von Florenz.

Flamboyant – besonders „flammender" Stil in gotischen Fensterrosen.

Hesperornis – flugunfähiger Vogel aus der Kreidezeit, vor 65 Millionen Jahren ausgestorben.

Ichthyornis – Vogel aus der Kreidezeit. Urmöwe, vor 65 Millionen Jahren ausgestorben.

Ittis – in der griechischen Mythologie der Ruf der Nachtigall.

Kailash – Tibets heiliger Berg.

Kubisten – Vertreter eines besonderen Stils in der Malerei, die alles auf geometrische Formen zurück führen.

Limben – nach alter katholischer Auffassung Zwischenbereiche im Jenseits von Himmel und Hölle, vergleichbar dem griechischen Elysium.

Lorenzo Ghiberti (1378-1455), Florentiner Bildhauer und Goldschmied.

Madreporen – älterer Name für Korallen.

Neumen – frühmittelalterliche gregorianische Notenschrift.

Osiris – ägyptischer Unterweltgott, Totenrichter. Wird meist als mumifizierter Pharao dargestellt.

Semaphor – Leuchtboje.

Shinto – japanische Naturreligion.

Sibylle von Cumae – mythische Prophetin aus der Frühzeit Roms.

Silur – Urzeit vor 438 Millionen Jahren.

Stralau – Spree-Halbinsel in der Berliner Innenstadt zwischen den Bahnhöfen Treptower Park und Ostkreuz. Hafen der Weißen Flotte.

Thanatos – griechisches Wort für „Tod".

Trilobiten – vor 300 Millionen Jahren ausgestorbene asselähnliche Wesen aus dem Urozean.

Tsangyang Gyatso (1683-1706), 6. Dalai Lama, weigerte sich, das Mönchsgelübde abzulegen. Volksdichter. Wurde auf einer diplomatischen Mission nach China wahrscheinlich ermordet. Die Namen Gyatso und Dalai bedeuten jeweils „Ozean".

Verzeichnis der Gedichte

Raumblau:
Traumspiegel – Frühe Sonne – Erwachen – Am Thunersee – Italienische Impression – Sonntag – Ich liebe dich – Sommerimpression – Straße der Düfte – Blaue Nacht – Auf Rügen – Licht und Atem – Traumblau – Vor Anker – Sonnenchoral – Jacqueline – Schlaf und Wasser – Flusslied

Zeitweiß:
Polare Vision – Unterm Polarstern – Vom Tod im Winter – Weiße Schatten – Sie duftet nicht – Sieh, ich verliere mich – Hände, fernes, nächtiges Rauschen – Du bist auf dich geworfen – Mondkelch – Fragment aus weißer Nacht – Transparente Augenlider – Das Geisterhaus – Im Granit – Schwarzweiß-Fotografie – Osiris, Thanatos – Zwei Minuten

Septemberpurpurn:
I Ein Tag in Arkadien – Sibylle von Cumae – Zwielichtküste – Bitterkeit – Konzert – Der Ozean Tsangyang – Versehrt – So weit hinaus… – Mutterkorn – Die Nacht und die Blumen – Er malt vertiefter – Am Strand – Sphinx – Saturn – Was, heller Geist
II Im Süden Frankreichs – Resignation – Nimmerdu – Ich kehre zu mir selbst zurück – Dorf mit Park und ferner Küste – Verwaister Markt – Zu Lande, zu Wasser – Fado zum Akkordeon – Zerrann ein Tag
III Metamorphose – Ittis – Rondeau – Eis-Engel

IV Tristesse – Prismen in grauen Spiegeln – San Marco – Lorenzo Ghiberti – Filippo Brunelleschi – Spätsommer-abend – Abendlandchöre

V Das Wort – In dir behaust – Mondfest – So spät im Jahr – Halbinsel Stralau – Eileen Gray's ästhetische Idee – Stralau, später – Trambahn – Geheimnis des Sterbens – Berlin-Hohenschönhausen, am Faulen See – Andacht – Memento mori – Hohenschönhausen, am Stadtrand – Aus meinem Tagebuch – Wie wir sind – Urlicht, Stein und Dauer – Die Hand des Fälschers – Vielleicht in einem andrem Traum – Weit – Ewigkeit – Für Irene

Glossar